GRESER & Lenz

Deutschland leistet Widerstand

GRESER & Lenz

Deutschland leistet Widerstand

Die Chronik des Jahres 2023

Texte von Jasper von Altenbockum

Bibliografische Information der Deutschen Nationalbibliothek
Die Deutsche Nationalbibliothek verzeichnet diese Publikation
in der Deutschen Nationalbibliografie; detaillierte bibliografische
Daten sind im Internet über http://dnb.d-nb.de abrufbar.

Copyright: Fazit Communication GmbH
Frankfurter Allgemeine Buch, Pariser Straße 1,
60486 Frankfurt am Main

Satz: Jan Hofmann
Umschlag: Nina Hegemann
Texte: Jasper von Altenbockum
Druck: CPI books GmbH, Leck
Printed in Germany

1. Auflage, Frankfurt am Main 2023
ISBN 978-3-96251-167-8

Alle Rechte, auch die des auszugsweisen Nachdrucks, vorbehalten.

Frankfurter Allgemeine Buch hat sich zu einer nachhaltigen Buchproduktion verpflichtet und erwirbt gemeinsam mit den Lieferanten Emissionsminderungszertifikate zur Kompensation des CO_2-Ausstoßes.

Anderswo wäre man froh

Was denkt Gott sich eigentlich dabei? Das wagt man in den dunklen Tälern, durch die wir wandern, dann doch einmal mit allem gebührenden Respekt zu fragen. Der irdische Irrsinn scheint schließlich kein Ende mehr zu nehmen. In welche Himmelsrichtung man auch blickt: Konflikte, Krisen, Kriege. Unsere Zeichner Greser & Lenz halten es für möglich, dass das wahnsinnige Weltgeschehen den Schöpfer sogar in Selbstzweifel stürzen könnte. Wenn das so wäre, sollte die Menschheit sich schnell besinnen. Schließlich hat der Herrgott schon einmal auf den Resetknopf gedrückt. Und der Meeresspiegel steigt ja bereits wieder.

Aber muss man sich deshalb wirklich gleich überall festkleben? Diese neuartige Form des Protests löste heftige Gegenreaktionen aus bis hin zu Prügeleien auf offener, aber blockierter Straße. Da gingen alle Seiten eindeutig zu weit. Für den stillen Widerstand im eigenen Heizungskeller kann man dagegen mehr Verständnis haben. Nach den ersten Ankündigungen zur Wärmewende und den dabei geäußerten Ansichten breitete sich die Befürchtung aus, eines Tages könnten im Morgengrauen Beamte aus Habecks Ministerium vor der Tür stehen, um die Gastherme abzuholen. Diese Absicht hat die Regierung zwar bestritten. Aber zuzutrauen ist ihr alles. Schließlich schreckte sie auch nicht davor zurück, im Namen des Klimaschutzes unsere letzten Atomkraftwerke abzuschalten und dafür die alten Kohledreckschleudern wieder anzufeuern. Und wir wollen gar nicht erst damit anfangen, die anderen 360-Grad-Wenden der Koalition aufzuzählen. Bei den Winkeln kann man sich leicht vertun, wie eine Äußerung unserer Außenministerin zeigte.

Ja, Regieren ist doch viel schwerer, als unsere Ampelmännchen und -weibchen sich das bei Amtsantritt gedacht hatten. Doch eine Fortschrittskoalition in ihrem Lauf halten weder Putin noch Hamas auf. Allen weltpolitischen Widrigkeiten zum Trotz haben die drei Parteien ihre Herzensthemen abgearbeitet: Endlich dürfen wir Deutsche unser Geschlecht selbst bestimmen und nach Belieben wechseln. Und nun können wir auch unser eigenes Cannabis anbauen, ohne Angst vor dem Polizeistaat und Karl Lauterbach haben zu müssen. Der gewöhnlich sehr um unsere Gesundheit besorgte Minister lächelte bei der Verkündung der Freigabe so selig wie nach einer langen Reihe von Selbstversuchen.

Oder als habe er gerade einen Witz von Greser & Lenz in der F.A.Z. gesehen. Deren Produkte können zwar auch süchtig machen, sind aber garantiert nicht gesundheitsschädlich, ganz im Gegenteil. Achim Greser und Heribert Lenz bringen es fertig, dass man noch über den größten politischen Unsinn lachen muss. Und davon gab es ja auch im Jahr 2023 wieder mehr als genug, wie die vorliegende Chronik zeigt. Sie belegt aber auch, dass Deutschland in einem Meer des Elends immer noch eine Insel der Glückseligkeit ist. Anderswo wäre man froh, wenn man nur unsere Sorgen hätte. Wir Deutsche haben allen Grund, dem Herrgott dankbar zu sein, auch wenn sein Ratschluss unergründlich bleibt.

Berthold Kohler
HERAUSGEBER DER FRANKFURTER ALLGEMEINEN ZEITUNG

Ein Bild von Claude Monet im Museum Barberini in Potsdam wird am 23. Oktober 2022 von Klimaaktivisten mit Kartoffelbrei beworfen.

Am Rande der Klimakonferenz in Ägypten

Vom 7. bis 19. November 2022 tagt in Scharm el-Scheich in Ägypten die 27. Weltklimakonferenz. Die „Letzte Generation" weitet ihre Straßenblockaden in Deutschland aus, bei denen sich Aktivisten am Asphalt festkleben. Im Oktober 2022 wird Kritik laut, weil eine Blockade in Berlin verhindert, dass ein Rettungsfahrzeug rechtzeitig an einen Unfallort gelangt. Das Unfallopfer stirbt.

Am Rande der Klimakonferenz in Ägypten

Die USA fliegen wieder zum Mond. Am 16. November 2022 startet die Mondmission „Artemis 1" zu einem Testflug. Die Rakete ist eine von vielen, die zum Mond fliegen. Für 2023 und die kommenden Jahre sind international mehr als zehn Flüge geplant.

Das kalifornische Unternehmen OpenAI veröffentlicht im November 2022 das Programm „ChatGPT", das mithilfe Künstlicher Intelligenz Texte und Bilder produziert. Die Abkürzung GPT steht für „Generative Pre-trained Transformer".

Dank Chat GPT-3: Dämmerschoppen 4.0

Vom 18. November bis 20. Dezember 2022 findet in Qatar die Fußball-WM statt. Der WM-Chef des Emirats, Hassan al-Thawadi, sagt vor Beginn der Meisterschaft, dass auf den Baustellen der Fußballstadien Hunderte Arbeiter, die teilweise wie Sklaven behandelt werden, ums Leben kamen: „Die Schätzung liegt bei 400, zwischen 400 und 500. Die genaue Zahl kenne ich nicht."

Die beste WM aller Zeiten

Weil die Temperaturen im Wüstenstaat Qatar, dem Gastgeberland der Fußball-WM 2022, im Sommer bei mehr als 50 Grad Celsius liegen können, findet die Meisterschaft im Winter statt. Auch im Winter werden die Stadien aber auf 20 Grad heruntergekühlt.

Quo vadis, Sportpolitik?

FIFA-Präsident Gianni Infantino begegnet kurz vor dem Eröffnungsspiel der Fußball-WM in Qatar am 19. November 2022 der Kritik an der Unterdrückung von Minderheiten im Gastgeberland Qatar mit einer bizarren Pressekonferenz. Infantino sagt: „Heute fühle ich sehr starke Gefühle, heute fühle ich mich als Qatarer, heute fühle ich mich als Araber, heute fühle ich mich afrikanisch. Heute fühle ich mich homosexuell. Heute fühle ich mich behindert. Heute fühle ich mich als Arbeitsmigrant."

Vorbild Infantino: Putin wirbt um Unterstützung

Die FIFA verbietet am 21. November 2022 die Kapitänsbinde mit dem Motiv von „One-Love", den Regenbogenfarben mit rotem Herz. Etliche Mannschaftsführer wollten die Armbinde während der Fußball-WM in Qatar aus Protest gegen Rassismus, Frauenfeindlichkeit, Homophobie und Antisemitismus tragen.

Am 24. November 2022 klebt sich eine Gruppe von Klimaklebern auf dem Rollfeld des Flughafens Berlin-Brandenburg fest. Der Flugbetrieb muss vorübergehend eingestellt werden.

Die Kommunen schaffen Ordnung

Weil sich die Koalition über Einzelheiten der Nationalen Sicherheitsstrategie nicht einigen kann, muss deren Vorlage verschoben werden. Sie war für den 7. Dezember 2022 geplant. Es dauert noch bis 14. Juni 2023.

Im Dezember 2022 stellt ein Untersuchungsausschuss des US-Kongresses fest, dass der ehemalige Präsident Donald Trump am 6. Januar 2021 einen Sturm auf das Parlamentsgebäude veranlasst habe, um sich an der Macht zu halten. Ein Sonderermittler der Regierung in Washington kommt zum selben Ergebnis. Im August 2023 wird ein Strafverfahren gegen Trump eröffnet.

Ende 2022 steht fest: Deutschland hat sein Sparziel beim Verbrauch von Gas nicht erreicht. Gespart wurden 14 Prozent des Verbrauchs, geplant waren aber 20 Prozent.

Schafft Deutschland das Gas-Sparziel?

Das Jahr 2022 ist das erste Jahr der Klebeaktionen der „Letzten Generation". Insgesamt sollen es 1250 Blockaden auf deutschen Straßen gegeben haben, die meisten davon in Berlin.

Die neuen Räuchermännchen sind da

Am 1. Januar 2023 endet die Ära von „Hartz IV". Die Sozialhilfe heißt jetzt Bürgergeld.

Der Meeresspiegel hat sich 2022 gegenüber 1993 um 9,4 cm erhöht, 2023 werden es 9,9 cm sein.

Im Januar 2023 beginnt in Polen die Ausbildung ukrainischer Soldaten an Leopard-Panzern.

Prüfungsfrage, Leopard 2-Führerschein für Ukrainer: Wer hat Vorfahrt?

Die Krankenkassen schlagen Anfang 2023 Alarm: Die Zahl der fettleibigen Kinder in Deutschland hat sich nach ihren Angaben innerhalb von zehn Jahren um ein Drittel erhöht. Wichtige Gründe dafür sei Bewegungsmangel durch die Corona-Krise und Computer-Spielen.

Deutschland macht sich fit

Am 5. Januar 2023 sagt Bundeskanzler Olaf Scholz der Ukraine die Lieferung von „Marder"-Panzern zu. Verteidigungsministerin Christine Lambrecht (SPD) gerät derweil in die Schlagzeilen, weil sie zu Neujahr ein Kurzvideo veröffentlicht hatte, in dem sie auf den Krieg in der Ukraine einging. Der Krieg habe ihr viele „besondere Eindrücke" geliefert und „viele, viele Begegnungen mit interessanten und tollen Menschen". Während sie spricht, sind im Hintergrund Böller und Raketen zu hören. Die Opposition fordert ihren Rücktritt.

So weich fällt die Verteidigungsministerin

Am 13. Januar 2023 behauptet der ehemalige Verfassungsschutzpräsident, der CDU-Politiker Hans-Georg Maaßen, es gebe eine „grün-rote Rassenlehre, nach der Weiße als minderwertige Rasse angesehen werden". Daraufhin werden abermals Forderungen laut, ihn aus der CDU auszuschließen.

Hans-Georg Maaßen, Kämpfer für die unterdrückte weiße Rasse

Am 24. Januar 2023 gibt Deutschland nach langem Zögern bekannt, der Ukraine Kampfpanzer vom Typ Leopard 2 zu liefern. Verteidigungsministerin Christine Lambrecht (SPD) wird vorgeworfen, sie habe verhindern wollen, dass der Bestand an Panzern gezählt werde, um zu verhindern, dass der Druck auf die Regierung wachse, der Ukraine die Waffen bereitzustellen.

Die Auslieferung beginnt

Im Januar 2023 sprechen sich Justizminister Marco Buschmann (FDP) und Landwirtschaftsminister Cem Özdemir (Grüne) dafür aus, das sogenannte Containern, das Entwenden von Lebensmitteln aus Abfallbehältern, zu legalisieren. Die Rüstungsfirma Rheinmetall wird im Februar 2023 damit beauftragt, Munition für den Flugabwehr-Panzer Gepard herzustellen. Der Ukraine war die Munition ausgegangen, Rheinmetall konnte nicht liefern, weil es die Herstellung eingestellt hatte.

Zeitenwende

Im Februar 2023 tauchen mehrere unbemannte Flugobjekte über Nordamerika auf. Bei den meisten von ihnen handelt es sich um Ballons. Die amerikanische Luftwaffe schießt mehrere davon ab. China wird beschuldigt, es handele sich um Objekte, die amerikanische Ziele ausspionieren sollten.

Was führen die Chinesen im Schilde?

Sechs Meilen vor der Küste von South Carolina schießt die US-Luftwaffe am 4. Februar 2023 einen Ballon ab, der für ein chinesisches Überwachungsinstrument gehalten wird.

Vor der Küste von South Carolina

Der SPD-Fraktionschef Rolf Mützenich begrüßt am 5. Februar 2023 im Fernsehen eine Vermittlungsinitiative im Ukraine-Krieg aus Brasilien: „Ich finde, man muss jede Initiative aufnehmen, die diesen Krieg möglicherweise früher beendet."

Mützenichs Mission in Kiew

Alice Schwarzer und Sahra Wagenknecht fordern den Bundeskanzler am 10. Februar 2023 in einem Offenen Brief dazu auf, die deutschen Waffenlieferungen an die Ukraine einzustellen. Stattdessen müsse mit Moskau über ein Waffenstillstand verhandelt werden.

Endlich, Friedensverhandlungen im Kreml

Am 12. Februar 2023 wird die Wahl zum Abgeordnetenhaus in Berlin wiederholt. Das hatte das Landesverfassungsgericht nach Unregelmäßigkeiten bei der Wahl im September 2021 am 16. November 2022 so angeordnet. Die CDU gewinnt mit Abstand und stellt mit Kai Wegner fortan den Regierenden Bürgermeister. Das Bundesverfassungsgericht muss über die Wiederholung der Wahl allerdings auch noch entscheiden.

Am Jahrestag des russischen Einmarsches in die Ukraine sagt der ukrainische Präsident Wolodymyr Selenskyj am 24. Februar 2023 in Kiew: „Wir wissen, dass 2023 das Jahr unseres Sieges sein wird."

Der Kreml feiert das Kriegsjubiläum

Am 27. Februar 2023, ein Jahr nach Kriegsbeginn, verurteilt die Generalversammlung der Vereinten Nationen in New York den russischen Angriff auf die Ukraine und fordert den Rückzug russischer Truppen aus allen Landesteilen. Die Zustimmung zur Resolution war größer als erwartet. Nur Belarus, Eritrea, Mali, Nicaragua, Nordkorea, Syrien und natürlich Russland stimmten dagegen. China enthält sich der Stimme.

Anfang März 2023 wird bekannt, dass die Bundesregierung die Verwendung einiger chinesischer Komponenten für den Aufbau eines 5-G-Mobilfunknetzes verbieten will.

Chinesische Beteiligung am 5G-Ausbau, Fluch oder Segen?

Nach mehreren Razzien gegen die „Patriotische Union", eine Gruppe der rechtsextremistischen Reichsbürgerszene, ordnet der Generalbundesanwalt auch im März 2023 die Festnahme mehrerer Personen an. Die Gruppe hatte einen Staatsstreich geplant. König von Deutschland sollte Heinrich XIII. Prinz Reuß werden. Er wurde ebenfalls verhaftet.

Höhepunkt der Session

Am 17. März 2023 beschließt der Bundestag mit der Mehrheit der Koalition eine Wahlrechtsreform, die zur Verkleinerung des Parlaments führen soll. Die CDU/CSU-Fraktion, die sich benachteiligt fühlt, legt dagegen Verfassungsbeschwerde ein.

Der chinesische Präsident Xi Jinping trifft sich am 20. März 2023 im Kreml mit dem russischen Präsidenten Wladimir Putin.

Freundschaftstreffen auf Augenhöhe im Kreml

Der Streit in der Ampelkoalition um das Heizungsgesetz eskaliert im März 2023. Es geht um das Verbot der Installation neuer Gas- und Ölheizungen. Die Grünen sind dafür, die FDP ist dagegen, die SPD sieht es skeptisch. „Es kann nicht sein, dass in einer Fortschrittskoalition nur ein Koalitionspartner für den Fortschritt verantwortlich ist und die anderen für die Verhinderung von Fortschritt", sagt der grüne Wirtschaftsminister Robert Habeck am 22. März. Entspannung verspricht nur ein Lieblingsprojekt der Koalition, die Legalisierung von Cannabis.

Ist die Ampel doch noch zu retten?

In der Endphase einer turbulenten Bundesliga-Saison entlässt Bayern München am 24. März 2023 seinen Trainer Julian Nagelsmann. Nachfolger wird Thomas Tuchel.

Auch das noch: Der Albtraum geht weiter

Am 30. März 2023 hält König Charles als erster Monarch eine Rede im Bundestag.

Geheime US-Dokumente zum Ukraine-Krieg werden Anfang April 2023 im Internet veröffentlicht. Das Verteidigungsministerium sieht darin ein „sehr hohes Risiko für die nationale Sicherheit".

Neue Geheimdokumente aus dem Pentagon

In einem Beitrag der „Tagesschau" wird am 2. April 2023 nicht von einer Mutter, sondern von einer „entbindenden Person" gesprochen. Später wird der Beitrag geändert und die Mutter heißt wieder Mutter.

Mutter darf man nicht mehr sagen

Im April 2023 wird dem Staatssekretär im Wirtschaftsministerium Patrick Graichen vorgeworfen, seinen Trauzeugen zum Chef der regierungsnahen Deutschen Energie-Agentur machen zu wollen. Graichen gilt als maßgeblicher Autor des Heizungsgesetzes, durch das die Installation von Wärmepumpen stark beschleunigt werden soll. Wirtschaftsminiser Robert Habeck versetzt Graichen Anfang Mai in den Ruhestand und verspricht, das Heizungsgesetz gründlich überarbeiten zu lassen.

Haben Sie das gewollt, Herr Habeck?

Die Chefredakteurin der Illustrierten „die aktuelle" veröffentlicht im April 2023 ein Interview mit Michael Schumacher. Es wurde allerdings mit Hilfe von Künstlicher Intelligenz erstellt. Die Chefredakteurin wird entlassen.

Bundespräsident Frank-Walter Steinmeier verleiht der ehemaligen Bundeskanzlerin Angela Merkel am 17. April 2023 das Großkreuz des Verdienstordens der Bundesrepublik Deutschland in besonderer Ausführung. Am 16. Mai verleiht ihr Ministerpräsident Hendrik Wüst den Staatspreis des Landes Nordrhein-Westfalen. Am 21. Juni verleiht ihr Ministerpräsident Markus Söder den Bayerischen Verdienstorden.

Merkel im Glück: Schon wieder eine überraschende Auszeichnung

Am 19. April 2023 beschließt das Bundeskabinett den ersten Entwurf für das Heizungsgesetz. Erst im Juni findet die erste Lesung im Bundestag statt. Kurz vor der zweiten und dritten Lesung legt das Wirtschaftsministerium Ende Juni eine mehr als 100-seitige Erläuterung für Änderungen an dem Gesetz vor. Das Bundesverfassungsgericht untersagt die abschließende Lesung, weil den Abgeordneten zu wenig Zeit gegeben worden sei, sich vorzubereiten. Die Abstimmung findet erst am 8. September statt.

Ist das zu schaffen? Heizen mit mindestens 65% Erneuerbaren

Am 6. Mai 2023 wird Charles III. in der Westminster Abbey in London zum König gekrönt.

Am 14. Mai 2023 finden Senatswahlen in Bremen statt. Die SPD wird wieder stärkste Partei, allerdings nur mit knapp 30 Prozent. Wahlsieger sind die „Bürger in Wut", eine neue Partei, die knapp 10 Prozent erreicht.

Die Badesaison hat auch im Osten begonnen

In einem Video vom 14. Mai 2023 nennt der Chef der Söldnertruppe „Wagner", Jewgeni Prigoschin, den russischen Präsidenten Wladimir Putin eine „Arschgeige".

Vorbild Prigoschin: Erodiert Putins Macht?

Das Bundesamt für Statistik teilt mit, dass im Jahr 2022 aufgrund von Insektenschäden 26,6 Millionen Kubikmeter Schadholz eingeschlagen wurden. Das war wesentlich weniger als 2021. Schlimmer als der Borkenkäfer waren in diesem Jahr nur die Sturmschäden.

Der Mai ist gekommen

Das Landgericht Dresden verurteilt am 16. Mai 2023 fünf Diebe zu Haftstrafen zwischen sechs und vier Jahren. Sie hatten 2019 im Grünen Gewölbe Schmucksachen im Wert von 117 Millionen Euro gestohlen.

Am 21. Mai 2023 schütten Aktivisten des italienischen Ablegers der „Letzten Generation" in Rom schwarze Farbe in den Trevi-Brunnen. 300.000 Liter Wasser müssen ausgetauscht werden.

Gut gegeben

In mehreren Bundesländern ordnet die Verwaltung die Supermarktketten an, den Sekundenkleber aus dem Sortiment zu nehmen, mit dem sich Klimaaktivisten der „Letzten Generation" auf die Straße kleben.

Neu im Fanshop der Letzten Generation

Bayern München muss in der Saison 2022/23 um den Meistertitel der Ersten Bundesliga bangen. Am letzten Spieltag am 27. Mai 2023 gewinnt der Club zwar abermals die Meisterschaft, aber nur, weil Borussia Dortmund in Mainz den Sieg verpasst und Unentschieden spielt. Bayern München gibt noch am selben Tag bekannt, dass Vorstandschef Oliver Kahn und Sportvorstand Hasan Salihamidžić entlassen wurden.

Versöhnung: Kahn bleibt Teil der Bayernfamilie

Der autoritäre türkische Präsident Recep Tayyip Erdogan erhält in der Stichwahl der Präsidentschaftswahlen am 28. Mai 2023 unter Türken in Deutschland 67 Prozent der Stimmen, deutlich mehr als sein liberaler Herausforderer Kemal Kilicdaroglu.

Was läuft eigentlich in unserer türkischen Gemeinde?

Der Söldnerführer Jewgeni Prigoschin wirft der russischen Armeeführung am 3. Juni 2023 Chaos und Versagen vor. Kurz vor einer Offensive der ukrainischen Armee im Süden des Landes zerstört die russische Armee am 6. Juni den Kachowka-Staudamm. Zehntausende Menschen müssen aus den überfluteten Landstrichen umgesiedelt werden.

Quo vadis, Putin?

Am 6. Juni 2023 stellt Apple seine neue Datenbrille vor.

Gott testet die neue Datenbrille

Vor einem Parteitag der CDU in Berlin setzt sich der Ministerpräsident von Nordrhein-Westfalen, Hendrik Wüst, am 15. Juni 2023 für einen Kurs der Mitte ein: „Wer nur die billigen Punkte macht und den Populisten hinterherrennt, der legt die Axt an die eigenen Wurzeln und stürzt sich selbst ins Chaos." Das wird ihm als Angriff auf den CDU-Vorsitzenden Friedrich Merz ausgelegt und als Versuch, sich als Kanzlerkandidat ins Spiel zu bringen.

Am 24. Juni 2023 findet zum ersten Mal in Deutschland ein „Bevölkerungsschutztag" statt. Die Bevölkerung wird daran erinnert, Vorräte für den Katastrophenfall anzulegen.

Ein Aufstand der Söldnertruppe „Wagner" scheitert am 24. Juni 2023. Deren Befehlshaber Jewgeni Prigoschin bricht den Marsch seiner Soldaten auf Moskau ab. Der Kreml teilt mit, Prigoschin dürfe nach Belarus ausreisen. Angeblich soll der belarussische Präsident Alexander Lukaschenko zwischen Putin und Prigoschin vermittelt haben.

Willkommen in Belarus

Der AfD-Kandidat Robert Sesselmann setzt sich am 25. Juni 2023 im Landkreis Sonneberg in Thüringen in der Stichwahl um das Landratsamt gegen den CDU-Kandidaten Jürgen Köpper durch. Sesselmann ist der erste AfD-Landrat in Deutschland.

Was ist eigentlich in Thüringen los?

Das amerikanische Unternehmen Alef Aeronautics bekommt am 27. Juni 2023 von der US-Luftfahrtbehörde die Zulassung für ein fliegendes Auto, das senkrecht starten kann.

Im Columbia-Freibad in Berlin-Neukölln kommt es immer wieder zu Ausschreitungen unter Beteiligung von Jugendlichen mit Migrationshintergrund. Am 9. Juli 2023 wird das Bad deshalb geräumt und vorübergehend geschlossen.

Wie können wir der Gewalt in den Freibädern Herr werden?

Die Fußball-WM der Frauen findet vom 20. Juli bis 20. August 2023 in Australien und Neuseeland statt. Die deutschen Frauen scheiden schon in der Vorrunde aus.

Was ist los, Deutschland?

Gesundheitsminister Karl Lauterbach (SPD) macht in Italien Urlaub und äußert sich am 21. Juli 2023 zur dortigen Hitzewelle. Italien habe unter diesen Umständen keine Zukunft mehr als Tourismusland. „Eine Ära geht zu Ende". Italiens Tourismusministerium widerspricht. Selbst in den heißesten Gegenden Italiens seien die Hotels voll.

Ohne Worte

Im ZDF-Sommerinterview schließt der CDU-Vorsitzende Friedrich Merz am 23. Juli 2023 nicht aus, dass es auf kommunaler Ebene eine punktuelle Zusammenarbeit zwischen CDU und AfD geben könne. Merz wird daraufhin vorgeworfen, die „Brandmauer" zur AfD einzureißen.

Merz bleibt standhaft

Die Parlamentswahl in Spanien am 24. Juli 2023 bringt nicht den befürchteten Zugewinn der Rechtspopulisten. Dennoch ist von einem Rechtsruck die Rede, weil die Konservativen stark hinzugewonnen, die regierenden Sozialisten verloren haben.

Quo vadis, Europa?

Im „Deutschlandtrend", einer Umfrage der ARD, liegt die AfD Anfang August 2023 an zweiter Stelle hinter der CDU/CSU.

Wie kommt die AfD zu ihren hohen Umfragewerten?

Am 16. August 2023 billigt das Kabinett den von Gesundheitsminister Karl Lauterbach (SPD) vorgelegten Gesetzentwurf für die Legalisierung von Cannabis.

Dank Cannabis-Legalisierung: Die AfD wird wieder normal

Der Söldnerchef Jewgeni Prigoschin, der sich nach seinem Putschversuch in Belarus aufhielt, dann das Land aber wieder in Richtung Russland verließ, stirbt bei einem Flugzeugabsturz am 23. August 2023.

Sommertrend Politikerwanderung. Heute: Putin und Prigoschin

Am 23. August 2023 beschließt die Bundesregierung den Entwurf für das sogenannte Selbstbestimmungsgesetz. Es löst das Transsexuellengesetz ab und erlaubt es jedem Bürger, sein Geschlecht selbst bestimmen und wechseln zu dürfen.

Mehrere westliche Staaten verbieten ihren Beamten im Laufe des Jahres 2023 die Nutzung der TikTok-App. Der Betreiber der Videoplattform sitzt in China.

Macht TikTok die Menschen verrückt?

Am 25. August 2023 berichtet die „Süddeutsche Zeitung", dass Hubert Aiwanger, der Vorsitzende der Freien Wähler, vor 35 Jahren an seiner Schule in Niederbayern ein Flugblatt mit antisemitischem Inhalt verteilt haben soll. Aiwanger bestreitet das. Er habe das Flugblatt nur im Schulranzen gehabt. Sein Bruder Helmut gibt bekannt, er sei der Autor gewesen.

Kommt Putin damit durch?

Hubert Aiwanger verteidigt sich in der Flugblatt-Affäre am 30. August 2023 mit den Worten, er sei „seit dem Erwachsenenalter, die letzten Jahrzehnte kein Antisemit, kein Extremist, sondern ein Menschenfreund" gewesen.

Kommt Xi damit durch?

Am 8. September 2023 verabschiedet der Bundestag die Novelle des Gebäudeenergiegesetzes, auch „Heizungsgesetz" genannt. Da Hauseigentümer befürchteten, dass bald schon keine Gas- oder Ölheizungen mehr zugelassen werden, haben viele von ihnen noch schnell neue Heizungen einbauen lassen. Der Absatz von Gasheizungen ist 2023 dadurch stark gestiegen, der beabsichtigte Anstieg für Wärmepumpen dagegen ausgeblieben.

Widerstand der Heizungskleber

In einem Urteil vom 20. September 2022 hält der Europäische Gerichtshof die Vorratsdatenspeicherung für unzulässig. Eine Ausnahme macht er für Speicherung von IP-Adressen. Ein Jahr später, am 7. September 2023, bestätigt das Bundesverwaltungsgericht diese Sicht. Innenministerin Nancy Faeser hält dennoch daran fest, die Vorratsdatenspeicherung in begrenztem Rahmen zuzulassen. Justizminister Marco Buschmann widerspricht. Eine Lösung ist in dem jahrelangen Streit nicht in Sicht.

Nachdem sie sich lange geweigert hatte, beantragt Innenministerin Nancy Faeser (SPD) bei der EU-Kommission am 16. September 2023 feste Kontrollen an den Grenzen zu Polen, der Tschechischen Republik und der Schweiz. Um illegale Migration einzudämmen, gibt es solche Kontrollen an der Grenze zu Österreich schon seit acht Jahren.

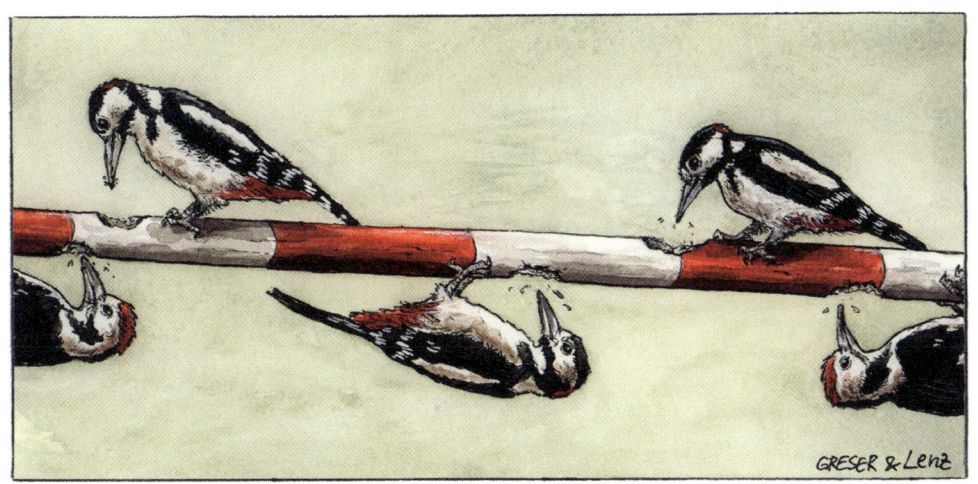

Am 24. September 2023 wirft die NASA-Sonde „Osiris-Rex" eine Kapsel mit Geröll vom Asteroiden „Bennu" über der Wüste des Bundesstaats Utah ab. Die Sonde flog weiter zum Asteroiden „Apophis".

Die Asteroidensonde ist zurückgekehrt

Am 28. September 2023 trifft Wladimir Putin angeblich seinen „Bluthund", den tschetschenischen Präsidenten Ramsan Kadyrow, in Moskau. Monatelang hatte es Gerüchte über die Gesundheit Kadyrows gegeben, der mit seinen Soldaten die russische Armee in der Ukraine unterstützt. Es hieß, er liege im Koma.

Der Deutsche Richterbund warnt am 1. Oktober 2023 vor einer Überlastung der Justiz. Die Zahl neuer Fälle sei 2022 mit mehr als 5,2 Millionen Verfahren noch nie so hoch gewesen. Die Zahl unerledigter Fälle habe 2023 um ein Drittel zugenommen. Aber es gibt Hoffnung auf Entlastung ...

Die Landgerichte in Osnabrück und Hildesheim testen im Mai 2023, ob Richter durch Künstliche Intelligenz entlastet werden können. Sie durchforstet Akten und stöbert Urteile in vergleichbaren Fällen auf.

Nur 37 Prozent der Befragten sind in einer Umfrage zum Tag der Deutschen Einheit am 3. Oktober 2023 der Meinung, Ost- und Westdeutsche seien schon zu einem Volk zusammengewachsen.

Die erfolgreichste deutsche Komödie aller Zeiten?

Nach Angaben von Naturschützern werden noch immer Hunderttausende Kröten in Deutschland von Autos überfahren. Dahinter folgen Rehe und Wildschweine. Statistisch gesehen bleiben nur Fische verschont.

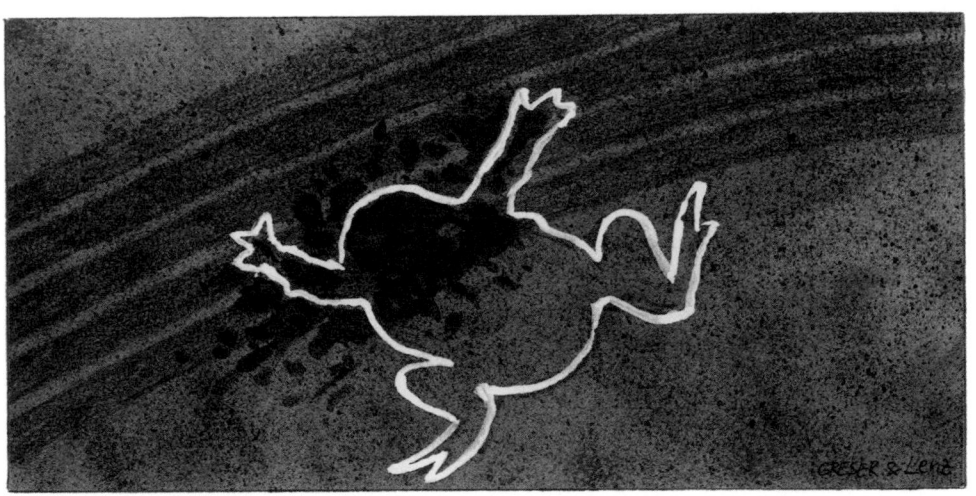

Am 7. Oktober 2023 überfallen Terrorkommandos der Hamas aus dem Gazastreifen zahlreiche israelische Siedlungen in Grenznähe. Mehr als tausend Israelis werden getötet. Der israelischen Regierung wird vorgeworfen, völlig unvorbereitet gewesen zu sein.

Nach dem Überfall der Hamas auf israelische Ortschaften nahe der Grenze zum Gazastreifen kündigt Israel im Oktober 2023 eine Bodenoffensive gegen die Terrororganisation an. In der Ukraine kommt die Offensive der ukrainischen Armee im Süden des Landes gar nicht oder nur mühsam voran.

Zu viel Krieg

Sieger der Parlamentswahlen in Polen am 15. Oktober 2023 ist das Oppositionsbündnis von Donald Tusk. Die von Vizeministerpräsident Kaczyński geführte nationalkonservative PiS-Partei verliert die Regierungsmacht. Kaczyński hatte versucht, die Stimmung im Wahlkampf durch antideutsche Parolen noch zu drehen.

Die ehemalige Fraktionsvorsitzende der Linkspartei Sahra Wagenknecht kündigt am 23. Oktober 2023 ihren Austritt aus der Partei und die Gründung einer neuen Partei an. Ein Verein soll die Gründung vorbereiten, die erst für 2024 vorgesehen ist. Name des Vereins ist BSW und steht für „Bündnis Sahra Wagenknecht".

Brauchen wir die neue Partei?

Am 24. März 2023 stimmt der türkische Präsident Recep Erdogan der Aufnahme Finnlands in die NATO zu. Schweden muss weiter warten, weil die Türkei dem Land vorwirft, die PKK zu unterstützen. Am 23. Oktober schlägt Erdogan dem Parlament in Ankara dann doch die Ratifizierung der Aufnahme Schwedens vor. NATO-Generalsekretär Jens Stoltenberg ist erleichtert. Bei einem Besuch in Stockholm sagt er am 24. Oktober, er rechne nun fest mit einer Zustimmung aus der Türkei.

So klappte der Schweden-Poker

Der türkische Präsident Erdogan stellt sich im Nahostkonflikt nach dem Hamas-Überfall auf Israel auf die Seite der palästinensischen Terroristen. Am 28. Oktober 2023 sagt er auf einer Massenkundgebung in Istanbul, die Palästinenser hätten das Recht, „mit allen Mitteln" für ihre Sache zu kämpfen. Die Menge skandiert: „Türkisches Militär nach Gaza!"

Erdogan macht einen Witz

Achim Greser und *Heribert Lenz* lernten sich beim Grafikstudium an der Fachhochschule Würzburg kennen. Erste gemeinsame humorzeichnerische Experimente führten 1986 zur festen Mitarbeit beim Satiremagazin „Titanic". Seit 1996 zeichnen sie regelmäßig für die Frankfurter Allgemeine Zeitung.

Jasper von Altenbockum, Redakteur der Frankfurter Allgemeinen Zeitung, ist verantwortlich für Innenpolitik.